PIUS NOTTER - EIN LEBEN FÜR DEN BAUM

Die Kunst, Bäume zu gestalten

fischer

PIUS NOTTER - EIN LEBEN FÜR DEN BAUM

Die Kunst, Bäume zu gestalten

Fotos
Vaclav Wiesner, Seite 6

Wolf-D. Schudde, Seiten 89-91, 103-106

Patrick Minh, Seiten 30-32

Panorama-Aufnahme
Stutz Foto-Color-Technik AG, Bremgarten, Seiten 8-9

Alle anderen Fotos

Konzeption und Gestaltung
Werner Heinzer, Luzern

Lithos
Kreienbühl AG Reprotechnik, Luzern

Druck
Kromer AG, Lenzburg

Fischer Media Verlag, Münsingen-Bern

ISBN 3-85681-309-8

VOM BONSAI...

Eine Seite über Bonsai in einem Gartenbuch, das seine Mutter ihm 1976 schenkte, war der Beginn eines neuen Lebensabschnittes von Pius Notter. Der damals vierundzwanzigjährige, bereits erfolgreiche Unternehmensberater war fasziniert von der alten fernöstlichen Kunst. Er befasste sich intensiv mit Bonsai, der Kunst und Technik, und fand damit den Ausgleich zum täglichen Stress.

Damals war Bonsai in Europa wenig bekannt, deutschsprachige Literatur gab es noch keine. Er begann, die japanischen Vorbilder und ihre vielen traditionellen, strengen Stilformen, die Kunst und Technik zu studieren und eigene Bäume zu gestalten. Mit seinem neuen Hobby konnte er fast alles verbinden, was vorher zu seiner Freizeit gehörte. Der naturverbundene Pius Notter war ein begeisterter Bergwanderer, Kletterer und «Strahler», er hatte eine Lizenz für das Bergen von Bergkristallen.

Er malte und fotografierte Natur und die von den Naturgewalten gezeichneten Bäume in den Alpen, lange bevor er etwas von Bonsai las. In den Bergen sah er auch die vielen, durch Kargheit und Naturgewalten kleingehaltenen Bäume, die trotz allem ein hohes Alter hatten. Er war einer der ersten Gestalter in Europa, die einheimische Bäume und Gartenpflanzen umgestalteten.

Pius Notter begann aber auch schon früh, abseits der fernöstlichen Bonsai-Stile eigene Werke nach den meist skurrilen, von Unwetter, Lawinen, Schneedruck und Steinschlag gezeichneten Vorbildern in den Schweizer Bergen zu schaffen.

Er bezeichnet sie als lebende Skulpturen. Das sind auch seine Gestaltungen, Skulpturen, lebende Kunstwerke. Für die westlichen Bonsai-Freunde ist Pius Notter das

...ZUR BAUMSKULPTUR

Vorbild. Er hat mit seinen eigenwilligen Gestaltungen weltweit und auch bei den alten japanischen Meistern Anerkennung gefunden. Er zählt heute zu den Grossen der Bonsai-Kunst.

DAS ARBORETUM

Sein Garten mit der ständig wachsenden Bonsai-Sammlung war der Grundstein für das Miniatur-Arboretum Boswil, das Pius Notter 1990 eröffnete und damit auch der Öffentlichkeit zugänglich machte. Seitdem bewundern Gäste aus der ganzen Welt die prächtige Gartenanlage.

Ist es Bewunderung für ein während Jahren entstandenes Werk, ist es das Staunen über die von Natur und Mensch gestaltete Vielfalt oder einfach Freude an der Natur, an Pflanzen und Bäumen? Der Schritt durch das Tor ins Miniatur-Arboretum von Pius Notter ist der Schritt in eine andere, in eine stille Welt. Sie lässt den Besucher Natur und ihre Vielfalt neu erleben.

Das Miniatur-Arboretum ist zu einem Zentrum für Bonsai-Sammler und -Gestalter geworden. Aber auch wer keine Beziehung zu Bonsai und der Kunst des Gestaltens von Bäumen hat, ist fasziniert von der Vielfalt von Pflanzen und Formen. Allein neunzig Sorten von Fächerahorn findet man im Miniatur-Arboretum, viele seltene Koniferen, einen Steingarten mit Kleinwuchsformen von Nadelbäumen, mit vielen Sorten von Sempervivum und Saxifraga, eine grosse Sammlung von seltenen Sukkulenten aus aller Welt und Bambus. Der kleinste Baum im Miniatur-Arboretum ist kaum 10 cm hoch, Bambus, das höchste Gras der Welt, über sechs Meter.

Seit seiner Jugend sammelt Pius Notter Steine. In Japan und China hat er eine Leidenschaft entdeckt, das Sammeln von ganz besonderen Steinen, Suiseki. Suiseki sind Steine, die im Meer und in Flüssen während Jahrhunderten von Wasser und Sand zu bizarren Formen geschliffen wurden. Seither hat er auf seinen Weltreisen viele Suiseki gesammelt, teilweise gekauft, andere sind Geschenke von Freunden. Viele hat er aber selbst an

Flüssen, Meeresküsten und in Wüsten gefunden. Seine Suiseki-Sammlung ist eine der bedeutendsten in Europa und kann im Miniatur-Arboretum besichtigt werden.

Das Miniatur-Arboretum ist eine Welt für Entdecker. Bei jedem Besuch findet man immer wieder Neues, was eigentlich schon lange da war. Jeder Baum, jede Pflanze und jeder Stein hat seine Geschichte. Für Bonsai-Freunde sind die vielen Gestaltungen von Lärchen, Kiefern, Fichten und Laubbäumen Vorbilder für kreatives Gestalten. Eine grosse Sammlung seltener, antiker Schalen aus China und Japan findet die Bewunderung von Besuchern aus Ost und West. Wenn Pius Notter ein Gästebuch führen würde, wäre es voller berühmter Namen und Grüssen aus der ganzen Welt. Besucher aus Politik und Wirtschaft, Bonsai-Meister aus allen Kontinenten und Bonsai-Clubs aus ganz Europa waren bei ihm zu Gast.

Das Miniatur-Arboretum Boswil ist öffentlich zugänglich und kann nach telefonischer Anmeldung besichtigt werden.

PIUS NOTTER...

Im Miniatur-Arboretum stecken über zehn Jahre Arbeit von Pius Notter. Die Bäume gestaltet, schneidet und pflegt er teilweise schon bald zwanzig Jahre. Die neu zugängliche, grosse Suiseki-Sammlung zeigt, dass für ihn Sammeln, Gestalten und Pflegen nie ein Ende haben.

In jeder freien Ecke findet man Yamadoris, die auf ihre Gestaltung warten. Er lässt sie während mehreren Jahren an das viel mildere Klima im Mittelland anpassen, pflegt sie und studiert ihr Wachstumsverhalten. Jeder Besucher stellt sich heimlich die Frage, was wohl aus ihnen werden wird. Viele seiner Bäume sind weit über hundert, teilweise mehrere hundert Jahre alt und werden bei richtiger Pflege viele Generationen überleben.

Die Vielseitigkeit eines guten Baumgestalters lässt sich nur erahnen. Pius Notter ist Gestalter, er kennt jeden Baum und jede Pflanze, er weiss über den Lebensraum, die Lebensbedingungen und die Bodenbeschaffenheit jeder einzelnen Pflanze Bescheid.

Sein Wissen über Klima, Wetter und Wolkenbilder hat er sich während Jahren auf seinen vielen Wanderungen und bei der Suche von Kristallen und Yamadoris angeeignet. Seine Verbundenheit mit der Natur die Liebe zum Detail kann man überall im Miniatur-Arboretum erkennen.

Im Alpengarten findet man viele seltene Schönheiten der Natur. Steine und Pflanzen werden zu einem Kunstwerk und lassen allein schon auf die grosse Naturverbundenheit des Gestalters schliessen.

Der Bambus-Garten mit Quelle und Teich weist auf die lange Beziehung zu den fernöstlichen Traditionen hin. Die Kois im Teich, wertvolle und farbenprächtige Kar-

...UND DIE LIEBE ZUM DETAIL

pfen, sind Geschenke von Freunden in Japan, wo die Kois wie Bonsai gesammelt werden und auch einen kulturellen Hintergrund haben.

Das Miniatur-Arboretum lädt ein zum Verweilen und zum Entdekken der faszinierenden Vielfalt und Schönheit der Natur.

VOM BONSAI-PIONIER...

1976 entdeckte Pius Notter eine Freizeitbeschäftigung, die damals in Europa noch eine Seltenheit war, Bonsai, die jahrhundertealte Kunst aus China und Japan. Zehn Jahre später schrieb er sein erstes Buch, «Zwergbäume unserer Heimat».

Er war Mitgründer der ersten regionalen Bonsai-Clubs und des «Schweizer Bonsai-Club», heute «Vereinigung Schweizer Bonsai-Freunde» und Dachorganisation der vielen Clubs und Arbeitsgruppen. Nach dem Tod seines Freundes Ueli Dietiker wurde er Präsident. In dieser Funktion nahm er die Aufgabe wahr, Vorurteile und Klischees abzubauen und über Bonsai als sinnvolle Freizeitbeschäftigung zu informieren. An seinen Vorträgen, Seminaren und Workshops konnte er begeistern. Für mehrere Fachmagazinen arbeitete er in der Redaktion.

Die Vereinigung Schweizer Bonsai-Freunde hat heute etwa 2000 Einzel- und Kollektiv-Mitglieder, insgesamt sind das fast 2500 Bonsai-Freunde. In Arbeitsgruppen, Kursen und Seminaren werden Bäume gestaltet, Schnitt- und Gestaltungs-Techniken erlernt und natürlich viel diskutiert. Im Magazin der Vereinigung werden Bäume besprochen, Umgestaltungen schrittweise demonstriert, über Kurse und Ausstellungen im In- und Ausland informiert.

Pius Notter war einer der ersten europäischen Gestalter, die statt mit japanischen mit einheimischen Bäumen und Pflanzen experimentierten. Er zeichnete, gestaltete und fotografierte seine Bäume und ihre Entwicklung während Jahren. So wurde er auch Autor.

Seine vier Bücher wurden in viele Sprachen übersetzt, was seine Baumgestaltungen weit über Europa hinaus bekannt machten. 1988 erhielt er an der Weltausstellung von der Nippon Bonsai Asso-

...ZUM DIREKTOR IM WELTVERBAND

WRITERS AND PHOTOGRAPHERS AWARD

BONSAI CLUBS INTERNATIONAL

It is with great pleasure that the Board of Directors of Bonsai Clubs International presents the 1994 WRITERS AND PHOTOGRAPHERS AWARD to PIUS NOTTER of Boswil, Switzerland, a valued Director on the BCI Board.

Pius has produced excellent, progressive photographs of the creation and information regarding the care of numerous beautiful bonsai. All of these photographs and the informative text have been made available to Bonsai Magazine and the BCI members with a great generous spirit.

Pius Notter has been responsible for the expansion of the art of bonsai and Bonsai Clubs International throughout Europe. His endeavors in the field of magazines in several languages, with correct information and outstanding photography have made a difference everywhere.

We are proud to present this award at IBC'94 in San Jose, California.

Michael Hansen, President

ciation eine Auszeichnung für eine Kiefernlandschaft. 1993 war er der erste Europäer, der zu einem Weltkongress als Referent und Demonstrator eingeladen wurde. Hier wurde er auch zum Direktor im Weltverband gewählt.

RETTUNG, YAMADORI...

Was lange mit Misstrauen begleitet oder abgelehnt wurde, ist für Pius Notter möglich. Er hat während Jahren das Vertrauen von Forstfachleuten und Gemeindebehörden bei der Rettung von wirtschaftlich nutzlosen Kleinbäumen erworben.

Bei der Erschliessung der Bergregionen mit Strassen, beim Bau von Kraftwerk- und Touristikanlagen und beim Abbau von Kies werden grosse Bäume gefällt und wirtschaftlich genutzt. Die vielen kleinen und verkrüppelten Fichten, Lärchen und Kiefern fallen dem Bulldozer zum Opfer. Forstfachleute und Verantwortliche in den Berggemeinden kennen das Schaffen von Pius Notter. Gruppen von Förstern haben sogar Seminare bei ihm besucht. Heute wird er von ihnen über mögliche Rettungsaktionen informiert.

Die Bulldozer helfen ihm sogar in Pausen bei der Ausgrabung. Nach einer langen Anpassungszeit der Bäume an das milde Klima im Mittelland gestaltet der Boswiler diese um.

...UND SEMINARE

Yamadoris, selbstgesammelte Wildpflanzen, haben Pius Notter in West und Ost berühmt gemacht. Sie sind auch die Grundlage seiner Wochenend-Seminare, in denen er sein Wissen und Können während zwei Tagen an die Teilnehmer weitergibt. Jeder Teilnehmer erhält eine Wildpflanze, die Pius Notter während zwei bis drei Jahren gepflegt hat.

Mitten im Miniatur-Arboretum und umgeben von Notter-Kreationen lernen angehende Baumgestalter theoretisch und praktisch das Gestalten, Drahten, Schneiden, Formen von Jin und Shari, die japanischen Fachausdrücke für ab-

gestorbene Äste und totes Holz, und die Pflege der Wildpflanzen. Nach zwei Tagen intensiver Arbeit, Erfahrungsaustausch und auch gemütlichen Stunden, verlassen die um Vieles bereicherten Bonsai-Freunde Boswil und das Miniatur-Arboretum.

FREUNDE UND BÄUME...

John Naka, ein langjähriger Freund von Pius Notter und ein alter Meister der Bonsai-Kunst, führte ihn in die Nähe der ältesten Lebewesen der Welt, zu den weit über 4000jährigen Grannenkiefern in den White Mountains in Kalifornien. Er übergab ihm die Koordinaten des genauen Standpunktes. Eine stundenlange Wanderung führte in zu den letzten Zeugen von fast 5000 Jahren, die er seitdem fast jedes Jahr auf seinen Reisen um die Welt besucht.

Die alten, allen Unwettern trotzenden Bäume und die eigenwilligen, von Naturgewalten geprägten Formen sind ihm Vorbilder für seine Gestaltungen. Er besitzt heute eines der grössten Fotoarchive von Bäumen aus der Schweiz und der ganzen Welt.

...BÄUME UND FREUNDE

John Naka als Gast in der Schweiz,
Pius Notter im Garten von «Papa» Kaneshiro auf Hawaii und bei Saburo Kato, dem Präsidenten der Nippon Bonsai Association,
bizarre Kiefern, Pinus flexilis, am Mount Baden Powell, USA,
und windgepeitschte Wachholder, Juniperus sabina, auf Ibiza.

Pius Notter im Garten von Edwin Nishida auf Hawaii, mit dem Präsidenten der Chinesischen Bonsai-Vereinigung, im Garten von Mashiko Kimura, im Longhua-Park in Shanghai, Bonsai auf dem Balkon von Dr. Wu in Hongkong und ein Nachtessen bei Freunden in Japan.

DER GESTALTER...

Die Freude am Gestalten hat das Leben von Pius Notter geprägt. Die Begeisterung für die Natur, ihre Vielfalt und ihr Formenreichtum hat er schon früh in seinen Malereien zum Ausdruck gebracht. Die Entdeckung des Baumes als natürliches Material für das Gestalten haben sein Leben verändert.

Seitdem ist Natur und Gestalten zu seinem Lebensinhalt geworden. Es sind nicht nur Bäume; in jedem Stein, dem kleinsten Gras, in alten verwitterten Wurzeln findet er die harmonische Schönheit der Natur. Er hat heute in seinem Miniatur-Arboretum viele seltene Gräser und sogar einheimische fleischfressende Pflanzen. Seit einigen Jahren töpfert er mit Dan Barton aus England, auch ein weltbekannter Gestalter. Mit dem ehemaligen Lehrer an der Kunstakademie in Bristol stellt er besondere Formen von Töpfen und Schalen her.

Jeder Baum und jedes Gras erhalten die für sie richtige und harmonische Schale. Sogar das Moos und Nebenpflanzen werden mit dem Gras oder Baum und der Schale zu einem harmonischen Ganzen.

In allen gestalterischen Arbeiten von Pius Notter steckt auch eine Idee. Wie konsequent diese verwirklicht wird, zeigt diese Schale, die bei Dan Barton entstanden ist.

Dieser gesunde und sehr robuste Wachholder, Juniperus sabina, hat Felipe Gonzalez 1994 ausgegraben und im Frühling 1995 mit Pius Notter gestaltet. Die aufwendige Gestaltung mit viel Feinarbeiten beanspruchte fast einen ganzen Arbeitstag.

Die Kunst des Gestaltens von Bäumen kennt keine Grenzen. Die Vielfalt von Pflanzenarten und ihren natürlichen Formen und die unbegrenzten Gestaltungsmöglichkeiten machen eine freie Entfaltung von Kreativität möglich. Staatliche Grenzen sind schon lange kein Thema mehr. Bonsai-Freunde suchen in Japan und China den Ursprung der alten Kunst, man trifft sich auf nationalen und internationalen Kongressen und Ausstellungen.

Pius Notter weiss selbst nicht mehr, in welchen Bonsai-Gärten, Museen und Privatsammlungen überall auf der Welt von ihm gestaltete Bäume stehen. John Naka, ein alter Meister der Kunst, ist ein langjähriger, fast doppelt so alter Freund von Pius Notter. In Los Angeles erzählte er ihm an einem Kongress von der Bonsai-Sammlung und von den vielen, meist noch ungestalteten Yamadoris von Felipe Gonzalez.

Der spanische Premierminister befasst sich intensiv mit der Philosophie und der Gestaltung von Bonsai und sammelt Wildpflanzen in den spanischen Bergen. Er zeigte John Naka nach einer Demo in Madrid seine Sammlung und meinte, dass seine Bäume einen erfahrenen Gestalter nötig hätten. John Naka erzählte ihm von Pius Notter. Das war der Anfang einer nun schon langjährigen Freundschaft. Seitdem gestaltet Pius Notter die Bäume von Felipe Gonzalez.

Dieser verfolgt nun schon seit Jahren an Wochenenden stundenlang die Arbeitschritte und die Entwicklung seiner Bäume. So hat er die Möglichkeit, fern von der Politik seinem Hobby zu frönen und dazuzulernen. Pius Notter wiederum stehen ausgezeichnete und natürlich auch mediterrane Wildpflanzen zur Verfügung. In Spanien findet man wunderschöne, skurrile Juniperus sabina und Pinus sylvestris, aber auch Buchen,

Fagus sylvatica, und Oliven. Felipe Gonzalez hat in seiner Wildpflanzensammlung noch viele, für Pius Notter interessante Bäume zum Gestalten, Material für mehrere Jahrzehnte.

Diese Olive, Olea europea, hat Felipe Gonzalez 1991 ausgegraben und ist seit der schwierigen Gestaltung 1993 der Lieblingsbaum von Frau Gonzalez. Leider gibt es keine Vorher-Aufnahmen, die zeigen würden, wieviele Zeit allein die Arbeit am toten Holz kostete. Pius Notter konnte bei diesen Arbeiten seine neuen, für Jin und Shari besonders geeigneten Elektrowerkzeuge aus den USA einsetzen. Felipe Gonzalez lernte dabei die Shari-Technik. Die Olive braucht noch einige Jahre Austrieb und Schnitt, bis das Blattwerk mit dem heute schon eindrücklichen Stamm harmoniert.

Diese Kiefer, Pinus mugo, erhielt Felipe Gonzalez vor einigen Jahren geschenkt. Sie wurde schon einmal gestaltet, er war aber noch nicht zufrieden mit der Form des Baumes. Pius Notter entfernte etwa die Hälfte aller grünen Äste und gestaltete den Baum mit einer neuen Vorderseite um. Die abgeschnittenen Äste und die verbliebenen Narben wurden in Shari gestaltet.

Diesem Wachholder, ein Juniperus sabina, musste Felipe Gonzalez schon beim Ausgraben viele Äste wegschneiden. Die vielen Narben und die grossen, abgestorbenen Holzteile bei dem recht schwierigen Baum verlangten besondere Beachtung. Pius Notter ist es gelungen, eine organische, natürliche Skulptur zu gestalten.

Durch viel Drahtarbeit bei den feinen Zweigen erhielt der Wachholder eine harmonische Krone. Einige Monate später hat ihn Felipe Gonzalez selbst in die Schale umgepflanzt.

DER DEMONSTRATOR

Demos nennen Bonsai-Liebhaber das, was die grossen Gestalter wie Pius Notter vor einem Fachpublikum auf Bühnen machen. Sie demonstrieren an Bonsai-Veranstaltungen und -Kongressen ihr Können und gestalten innert Stunden Bäume um. Der Demonstrator sieht «seinen» Baum erst kurz vor der Demo, bespricht mit dem Publikum den Baum und mögliche Gestaltungsformen und einige Stunden später ist es ein Prachtsbaum in der Schale.

Die oft spektakulären Umgestaltungen von Pius Notter machten ihn zum weltweit gefragten Demonstrator. Pius Notter war 1993 der erste Europäer, der als Referent und Demonstrator an einen Weltkongress eingeladen wurde.

PINUS MUGO

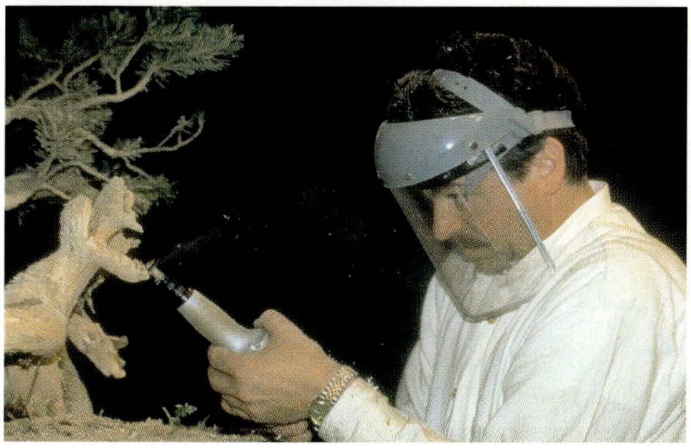

Anfangs 1993 hatte Heinz Pfirter, ein engagierter Bonsai-Liebhaber und jahrelanger Betreuer der Arbeitsgruppe Basel, Pius Notter vorgeschlagen, wieder einmal eine Vorführung in der Schweiz zu machen. Seine Idee war eine «Regio-Bonsai-Show» im Dreiländereck von Deutschland, Frankreich und der Schweiz. Pius Notter, Heinz Pfirter und seinen Kollegen suchten im Miniatur-Arboretum einen anspruchsvollen Baum als Ausgangsmaterial aus.

Die ausgewählte Bergkiefer hat Pius Notter zusammen mit einem Freund aus einem Übungsgelände der Schweizer Armee gerettet. Die Kiefer hat sich schnell erholt und war schon nach einem Jahr kräftig genug, um umgestaltet zu werden. Kaum jemand konnte sich vorstellen, dass aus diesem Busch eine Baumskulptur werden könnte. Innert Wochen war der Galerie-Keller in Laufen ausgebucht. Bonsai-Liebhaber aus Deutschland, Frankreich und der Schweiz verfolgten ein Jahr später die erstaunliche Verwandlung des Baumes innert wenigen Stunden.

Nachdem Pius Notter die verschiedenen Gestaltungsmöglichkeiten erläutert hatte, wurde der Baum schnell wesentlich kleiner und nur die wichtigsten zwei Stämme blieben übrig. Der kräftigste Stamm wurde etwa 30 cm über dem Boden abgesägt, das verbleibende Holz zu einem organischen toten Holzteil (Jin) geschnitzt. Diese Arbeit dauerte etwa zwei Stunden.

Die Zuschauer konnten alle Details und Techniken und die Anwendung der dazu benötigten Werkzeuge, mitverfolgen. Nach der Drahtung des restlichen Grüns erfolgte sorgsam und konzentriert die Positionierung der Äste. Während dieser Arbeit entschloss sich der Künstler, nochmals einen wesentlichen Teil eines Stammes wegzuschneiden. Das Resultat war

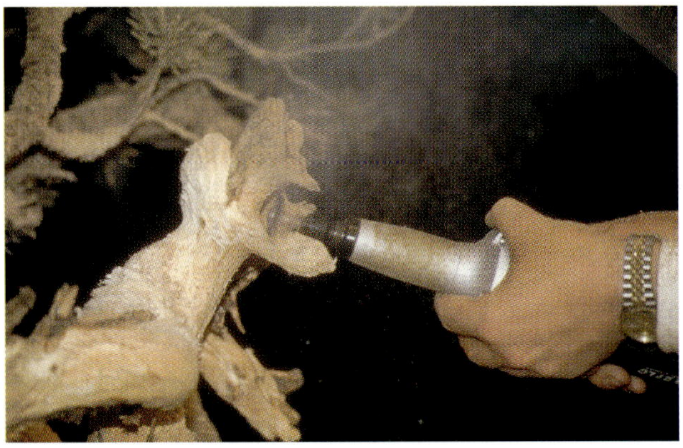

verblüffend. Der Baum aus dem Schiessgelände der Schweizer Armee hat sich in eine prachtvolle Skulptur verwandelt. Die Zuschauer waren begeistert und zeigten dies mit einem anhaltenden Applaus. Der Baum wurde anschliessend unter den Zuschauern verlost. Der Gewinner aus Deutschland war vor Glück sprachlos.

Sommer 1994

Herkunft	Wildpflanze
Gestaltung	1994
Höhe	ca. 70 cm
Schale	Zementgefäss aus China

PINUS MUGO

Auf seinen Gebirgswanderungen findet Pius Notter immer wieder kleine verkrüppelte Bergkiefern. Jedes Jahr von schweren Wanderschuhen zertrampelt, haben diese Pflanzen keine Chance, je grösser zu werden. Die Stämmchen sind verbogen, gebrochen und voller Narben. Pius Notter hat viele dieser unscheinbaren Bäumchen gerettet und über Jahre in Blumentöpfen am Leben erhalten.

Mit vielen neuen Impressionen kehrte er 1985 von einer Reise durch die High Sierra in Kalifornien und Nevada in die Schweiz zurück. Die phantastischen Bäume, die in den Felsen der Hochgebirge und an den Meeresküsten durch den steten Wind geformt wurden, liessen ihm keine Ruhe. Er beschaffte sich eine entsprechend grosse und flache Schale, um eine Landschaft zu gestalten.

Einige Felsen und die während vielen Jahren auf Wanderwegen zertrampelten Bergkiefern lieferten das Ausgangsmaterial. Viele dieser Bäumchen sind sehr einseitig und eignen sich deshalb besonders gut für windgepeischte Formen.

Die Gestaltung wurde 1988, zweieinhalb Jahre nach ihrer Entstehung an der Bonsai-Show der Nippon Bonsai Association in Japan gezeigt. Von den über fünfhundert Ausstellern erhalten immer nur wenige eine der begehrten Auszeichnungen. Dass ein westlicher Gestalter mit fünf Bäumchen und ein paar Steinen so viel aussagen kann, hatte selbst die Japaner erstaunt. Die Landschaft wurde mit der Auszeichnung geehrt und wurde damit weltberühmt.

Sommer 1993

Herkunft	Wildpflanzen
Erstes Bild	Sommer 1986
Gestaltung	Frühling 1986
Höhe	ca. 60 cm
Länge	100 cm
Schale	Tokoname, Japan

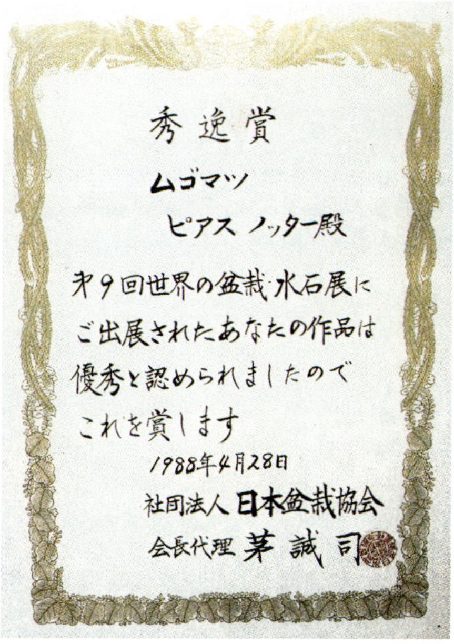

秀逸賞

ムゴマツ

ピアス ノッター殿

第9回世界の盆栽水石展に
ご出展されたあなたの作品は
優秀と認められましたので
これを賞します

1988年4月28日

社団法人日本盆栽協会

会長代理 茅誠司

PINUS DENSIFLORA

Die Pinus densiflora oder Rotkiefer ist bei uns sehr selten zu finden. Als Miniaturbaum findet man sie besonders in Japan. Gute Gestaltungen sind jedoch fast unbezahlbar und gegenüber den Pinus parviflora und Pinus thunbergii, Weisskiefern und Schwarzkiefern, nur sehr schwierig zu finden. Im Gegensatz zu ihnen ist die Rotkiefer sehr schwierig zu gestalten. Sie wächst bei uns wesentlich langsamer und ist nicht ganz winterhart.

Die Umgestaltung von wilden Rotkiefern ist heikel. Die Äste sind nicht wie bei anderen Kiefern biegsam und elastisch, sie brechen wie Glas. Nur mit äusserster Vorsicht und einigen Jahren Geduld entsteht ein schöner, aber seltener Miniaturbaum. Eine über Jahre fachmännisch gestaltete Rotkiefer erhält ganz besonders zarte und weiche, feine Nadelkissen. Die Nadelbüschel sind fast das Gegenteil der stechenden, harten Nadeln, beispielsweise einer Pinus

1993

sylvestris oder auch der Pinus thunbergii. Die dichten Nadelbüschel der Rotkiefern ähneln eher weichen Grasbüscheln. 1991 brachte Pius Notter eine Wildpflanze von Japan zurück und gestaltete sie zwei Jahre später. Trotz den brüchigen Ästen erweist sich diese Rotkiefer als vielversprechender Baum.

Herkunft	Wildpflanze aus Japan
Erstes Bild	Frühling 1991
Gestaltung	Herbst 1993
Höhe	ca. 80 cm
Schale	Tokoname, Japan

FAGUS SYLVATICA

Die einheimische Buche, Fagus sylvatica, wächst vor allem in den Voralpen und im Mittelgebirge. An Waldrändern und auf Weideflächen werden junge Buchen durch Abfressen klein gehalten und wachsen darum vielfach in der typischen Besenform. Ein Gespräch mit dem Grundbesitzer ermöglicht meistens das Ausgraben dieser sogenannten «Kuhbüsche». Es gibt aber auch skurrile Formen wie Mehrfachstämme, frei aufrechte Formen und sogar Flossformen, die durch das Niedertrampeln des Viehs entstehen.

Da es an den Standorten der Buchen oft sehr trocken ist, haben diese Bäume eine lange, tiefreichende Hauptwurzel. So braucht es oft mehrere Jahre Geduld, bis eine solche Wildpflanze ausgegraben und in eine flache Schale gepflanzt werden kann. Besonders in den ersten Jahren hat sich Pius Notter mit diesen Laubbäumen befasst. Obwohl es viele Jahre dauert, bis eine feine Verästelung durch reine Schneidetechnik und ohne Drahten erreicht wird, präsentiert sich diese Buche bereits nach zehn bis fünfzehn Jahren in einer prächtigen Besenform.

1993

Herkunft	Wildpflanze
Erstes Bild	1983
Gestaltung	seit 1983
Höhe	80 cm
Schale	Tokoname, Japan

ZELKOVA CARPINIFOLIA

Frühling und Sommer 1993

1992 wünschte sich der Herausgeber der deutschen Bonsai-Fachzeitschrift «Bonsai creativ» von Pius Notter eine neue Fotodemonstration. Diese Gestaltung sollte ungewöhnlich sein und den Lesern die Möglichkeit bieten, sie selbst nachzugestalten.

In einem Gartenzentrum suchte sich der eher für die Gestaltung von Wildpflanzen bekannte Künstler verschieden grosse, günstige Besenformen von Ulmen aus. Tausende solcher Bäume werden jedes Jahr als sogenannte Massenware aus Japan importiert. Bei dieser Gestaltung jedoch beweist er, dass ihm auch eine solche Herausforderung an die Kreativität Spass macht. Hier ist es nicht die einzelne Pflanze, sondern die gezielte Anordnung der Bäume, die den Effekt dieser Landschaft in Miniatur ausmacht. Durch das gekonnte Plazieren der verschieden grossen und unterschiedlich dicken Bäumchen hat er eine einzigartige Tiefenwirkung erzielt. Eine schöne und sensibel gestaltete Landschaft.

Herbst und Winter 1993

Herkunft	Baumschule, Japan
Gestaltung	Frühling 1992
Höhe	40 cm
Länge	120 cm
Schale	Aiko Tanaka, Japan

PYRUS SPINOSA

Frühling 1994

Herkunft	Wildpflanze
Gestaltung	seit 1987
Höhe	50 cm
Schale	Neogard AG, Schweiz

PINUS MUGO

Frühling 1994

Herkunft	Wildpflanze
Erstes Bild	1991
Gestaltung	Frühling 1993
Höhe	90 cm
Schale	Tokoname, Japan

PINUS MUGO

Dies ist eine der ersten Gruppengestaltungen, die Pius Notter kreierte. Ein Freund schenkte ihm 1982 eine schmale, lange Sandsteinplatte. Er bepflanzte diese mit verschiedenen, krumm gewachsenen Bergkiefern.

Er ordnete die krummen Stämme so an, als wären die Bäume von klein auf so miteinander gewachsen. Obwohl er damals für diese Gestaltung in Luxenburg ausgezeichnet wurde, gefiel sie ihm nie besonders.

Dies führte dazu, dass er diese Bepflanzung zwar pflegte, aber gestalterisch mehr als zehn Jahre vernachlässigte. Die Kiefern hatten zwar nicht viel Erde zur Verfügung, aber über so viele Jahre wuchsen sie trotzdem stark ineinander.

Dies führte dazu, dass einige der kleineren Bäume durch Lichtmangel abstarben. Alle andern zeigten sich aber 1994, also nach rund zwölf Jahren, kräftig und gesund, obwohl sie nie neue Erde erhielten.

Im Herbst 1994 beschloss Pius Notter, die Arbeit an der Steinbepflanzung wieder aufzunehmen. Etwa ein Drittel des Neuzuwachses musste weggeschnitten werden. Der Rest wurde gedrahtet und neu formiert. Nach mehr als zehn Jahren «Vergessenheit» wurde aus einer unbefriedigenden Gestaltung eine neue, charaktervolle Baumgruppe.

1994

Herkunft	Wildpflanzen
Erstes Bild	1984
Gestaltung	1982 und 1994
Höhe	40 cm
Länge	100 cm
Schale	Naturstein

PINUS MUGO

1994

Herkunft	Wildpflanze
Erstes Bild	1989
Gestaltung	seit 1989
Höhe	40 cm
Schale	Tokoname, Japan

JUNIPERUS SABINA

Frühling 1994

Herkunft	Wildpflanze
Erstes Bild	Frühling 1994
Gestaltung	Frühling 1994
Höhe	40 cm
Schale	China

LARIX KÄMPFERII

Bei uns findet man im Alpengebiet fast ausschliesslich die europäische Lärche, Larix decidua. Im Voralpengebiet und im Flachland, wo die Wälder stärker genutzt werden, ist aber häufig auch die japanische Lärche, Larix kämpferii anzutreffen. Es gibt aber schon längst eine Mischung der beiden Lärchenarten, die auf natürliche Weise entstanden ist (Larix eurolepsis).

Da die Larix kämpferii im Flachland vor allem als Forstbaum genutzt wird, ist es selten, interessantes und bizarres Ausgangsmaterial zur Weitergestaltung zu finden. Diese von Pius Notter 1988 gefundene Larix kämpferii ist also für Europa schon eine Seltenheit. Diese Lärchenart wächst besonders in jungen Jahren wesentlich schneller als unsere einheimische Larix decidua. Sie ist auch kaum anfällig auf die in Europa fast chronisch auftretenden Wollläuse.

1990 entschloss sich Pius Notter anlässlich einer Lärchen-Sonderschau, die er für den damaligen Schweizer Bonsai Club organisierte, eine erste Umgestaltung dieses seltenen Exemplares zu machen. Der Baum weist auf einer Seite verhältnismässig grosse Verletzungen durch abgebrochene Äste auf. Deshalb entschloss er sich, eine bizarre, alte und von Wind und Wetter gezeichnete Lärche zu gestalten.

Auch der geneigte und s-förmig gebogene Stamm waren ideal für eine solche Gestaltung. Zuerst wurde die ganze Rinde auf dieser Seite des Stammes entfernt. Damit aber diese ganze Partie nicht wie eine junge Wunde aussieht, versuchte Pius Notter die Narbe künstlich zu altern. Das Ziel war, den Baum so zu gestalten, wie wenn Naturgewalten diesen Teil vernichtet hätten und darum abgestorben wären. Jahrzentelange Sturmwinde, die Sand und Staubpartikel mitführen, bauen die wei-

cheren Holzteile langsam ab. Dabei entsteht eine Struktur, die ähnlich aussieht, wie man dies durch Sandstrahlen erreichen würde.

Erstmals, sozusagen als Experiment, setzte hier Pius Notter sehr feines Elektrowerkzeug mit verschiedenen Fräsen ein, wie sie auch Ärzte und Zahnärzte verwenden. Durch diese Bearbeitung wird das noch «grüne» Holz sehr faserig. Diese Fasern müssen laufend abgebrannt werden.

Die Fräsköpfe verstopfen bei feuchtem Holz schnell. Es empfiehlt sich, den Fräskopf mit einem Brenner auszubrennen und mit einer feinen Drahtbürste zu reinigen. Beim Abbrennen der Fasern ist viel Vorsicht geboten. Die lebende Rinde und vor allem die feinen Äste sollten nicht mit dem Feuer in Berührung kommen. Diese können mit einem Tuch abgedeckt werden.

Danach wird der schwarze Rest der verbrannten Fasern mit einer Bürste entfernt und die ganze Stelle wird mit Jin-Mittel wie üblich behandelt. Der Baum hat diese Prozedur sehr gut überstanden und konnte auch sofort umgetopft werden. Bereits im ersten Frühling nach der Umgestaltung trieb die Lärche sehr kräftig aus. Der Austrieb ist für die Larix kämpferii typisch, sehr dicht und fast jede Knospe macht lange Triebe.

So ist es mit dieser Lärchenart möglich, innert kurzer Zeit sehr dichte Polster aufzubauen. Wie die europäische weist auch die japanische Lärche eine sehr schöne, goldene Herbstfärbung auf.

Frühling 1993

Herbst 1993

Herkunft	Wildpflanze
Erstes Bild	Winter 1989
Gestaltung	Frühling 1990
Höhe	60 cm
Schale	Fuji, Japan

CARPINUS BETULUS

Sommer 1993

Herkunft	Wildpflanze
Erstes Bild	1982
Gestaltung	seit 1981
Höhe	60 cm
Schale	Tokoname, Japan

PINUS SYLVESTRIS

Frühling 1992

Herkunft	Wildpflanze
Gestaltung	Herbst 1990
Höhe	90 cm
Schale	Tokoname, Japan

Als Zierobstbäume werden heute in allen Gartenzentren und Baumschulen viele Sorten von Apfelbäumen angeboten. Wegen ihrer üppigen Blütenpracht und den kleinen, aber farbigen Früchten werden sie in Vorgärten von Einfamilienhäusern und Siedlungen gepflanzt.

Da sich für die Miniaturbaumgestaltung alle bekannten Tafelobstsorten wegen den grossen Früchten nicht eignen, werden Zierapfelsorten in den vielen schönen und interessanten Formen bevorzugt. In den Baumschulen wachsen diese Bäume natürlich sehr schnell. Wenn man eine solche Pflanze mit bereits einem dikken Stämmchen von 3-4 cm will, ist diese auch schon 3-4 m hoch.

Der Apfelbaum, den Pius Notter 1985 ausgesucht hat, war ebenfalls bereits 3,5 m hoch. Er reduzierte ihn auf rund 45 cm. Dabei blieb nur noch wenig Grün. Auch die Schnittstelle musste so behandelt werden, dass sie schnell zuwuchs und heute kaum noch zu sehen ist. Bei einer gesunden, kräftigen Pflanze besorgt dies Mutter Natur. Diese Methode der Umgestaltung einer Baumschulpflanze braucht viel Geduld und ist nicht vergleichbar mit der Umgestaltung einer charaktervollen Wildpflanze. Pius Notter wollte aber auch diese Erfahrungen nicht missen. Er benötigte fast zehn Jahre, bis er diese Baumschulpflanze als ansehnlichen Miniatur-Apfelbaum in der Schale präsentieren konnte.

Sommer 1994

Herkunft	Baumschule
Erstes Bild	1985
Gestaltung	seit 1985
Höhe	50 cm
Schale	Tokoname, Japan

PINUS MUGO

1978 brachte Pius Notter erstmals auch grössere und besonders bizarre Wildpflanzen aus den Bergen nach Hause. Diese Kiefer hatte arg mit den Naturgewalten zu kämpfen, war bereits sehr schwach und hätte nicht mehr lange überlebt. Sie benötigte in geschützter Lage mit guter, neuer Erde und Pflege fast vier Jahre, bis sie sich erholte und neu zu wachsen begann.

Pius Notter prüfte verschiedene Gestaltungsmöglichkeiten und verschiedene Gefässe. Der stark vermoderte Stamm und Wurzelansatz machten ihm zu schaffen. Als ihm 1991 von einem Schalenkünstler in Japan verschiedene, ganz spezielle Gefässe gezeigt wurden, fand er auch die Lösung für seinen «Problembaum». Die Kiefer wurde dank der Schale zu einem der bedeutensten Werke von Pius Notter und zeigt eindrucksvoll, wie wichtig die Harmonie von Schale und Baum ist.

1992

Herkunft	Wildpflanze
Erstes Bild	1979
Gestaltung	1992
Höhe	60 cm
Schale	Aiko Tanaka

PINUS SYLVESTRIS

Fällt im Hochgebirge ein Kiefernsamen in eine Felsspalte mit etwas Moos und Erde, so keimt dieser. Es wächst ein junger Baum, dem es bald zu eng wird. Sobald der Stammfuss dicker wird als die Felsspalte, beginnt ein Saftrückstau, der Stammfuss wird überdurchschnittlich verdickt. Im extremen Fall führt dies zu einem grossen Knollen. Ist in der Spalte nur wenig Erde und der Baum kann sie nicht weitersprengen, wird diese junge Kiefer nicht alt.

Oft aber ist der Baum in der Lage, die Wurzeln durch den Riss weiterzutreiben, bis wieder Nährboden gefunden wird. Oft kommt es vor, dass der Baum mit Unterstützung von Frost den Riss oder die Spalte weiter aufsprengt und dadurch mehr Platz und Nahrung findet. In diesem Fall wird der Knollen auch nicht so extrem und es kann sogar ein selten schöner, breiter Stammansatz wachsen. Eine ausserordentlich schöne Kiefer, die auf dies Weise gewachsen ist, fand Pius Notter 1987. Trotz der unschönen besenartigen Verzweigung wollte er diese Pflanze umgestalten.

Nachdem der starke Ast auf der linken Stammseite entfernt wurde, zeigte sich die Krone bereits harmonischer. Die Wunde wurde bis zum Stammfuss als Shari gestaltet, wie er auch bei den Kiefern in den Bergen häufig vorkommt. Nun wurde die ganze Krone gedrahtet. Zusammen mit dem so seltenen und speziellen Wurzelansatz erweist sich der Baum als eine der meistbewunderten Kiefern im Miniatur-Arboretum.

1993

Herkunft	Wildpflanze
Erstes Bild	1990
Gestaltung	1991
Höhe	60 cm
Schale	Bryan Albright

PICEA ABIES

Über dreissig Jahre verbrachte Pius Notter regelmässig in den Alpen und seit fast zwanzig Jahren befasst er sich intensiv mit Miniatur-Bäumen in der Natur. Wer viel Zeit und Geduld aufwendet, hat mit soviel Fachwissen die Chance, etwas Ausserordentliches zu finden.

Einen sehr seltenen Fund machte er an einem extremen, trockenen Standort, wo vor 200 Jahre ein Felssturz niederging. Diese Fichte hatte eine sehr ungewöhnliche Korkrinde, wie man sie sonst nur an einigen Eichen, Ulmen und Kiefernarten vorfindet. Es galt, die Fichte zu retten. Mit Geduld und seiner Erfahrung gelang ihm dies. Während drei Jahren hatte sie sich in einer Holzkiste im Miniatur-Arboretum kräftig entwickelt. Wegen der Gesamterscheinung hätte diesen Baum wohl kaum jemand ausgegraben.

Ihre Seltenheit war der Grund für eine Gestaltung, bei der die Erhaltung der schönsten Rindenteile ausschlaggebend war.

Winter 1994/95

Herkunft	Wildpflanze
Erstes Bild	Herbst 1991
Gestaltung	Herbst 1994
Höhe	80 cm
Schale	Tokoname, Japan

ZELKOVA SERRATA

Seit Pius Notter sich mit dem Gestalten von Miniaturbäumen befasst, hat er schon alle möglichen Techniken zum Erreichen einer klassischen Besenform versucht, um auch im eher gärtnerischen Bereich seine Erfahrungen zu sammeln.

Besenformen aus Sämlingen und Stecklingen hatte er schon erfolgreich in Arbeit. Was ihm aber immer vorschwebte, war eine wirklich altaussehende und natürlich gestaltete Ulme. Er wusste, dass dies nur mit einer schon grossen und älteren Wild- oder Baumschulpflanze möglich ist. Als Ausgangsmaterial brauchte er dafür einen Stamm mit etwa 10-15 cm Durchmesser. 1985 fand er in einer Baumschule Ulmen, die verwendet wurden, um die Hängeform auf etwa drei Metern Höhe aufzupfropfen. Diese Mutterpflanzen waren etwa fünfzehn Jahre alt. Die aufgepfropte Hängeulme war vor etwa drei Jahren aufgesetzt worden.

Während einem strengen Winter erfror jedoch die aufgepfropfte Ulme. Aus dem alten Stamm hatte die Zelkova serrata neu ausgetrieben. Dies war genau das Material, das Pius Notter suchte. Auf einer Höhe von 50 cm sägte er den über drei Meter hohen Stamm ab. Die jungen Triebe, die er vorher abgeschnitten und bis Februar 1986 im Kühlschrank aufbewahrt hatte, dienten nun als Reiser, die kreisförmig unter die Rinde gepfropft wurden. Das ganze wurde nun fachmännisch verschlossen.

Schon zwei Monate später trieben die aufgepfropften Reiser aus. Im ersten Jahr liess er diese wachsen. Um eine schöne, typische Besenform zu erhalten, wurden die Äste den Winter hindurch zusammengebunden. Dieser erste, kräftige Austrieb wurde nun um die Hälfte gekürzt, um eine dichtere Verzweigung zu erreichen. Da man auf diese Weise sehr schnell

eine grüne, kugelige Krone bekommt, ist die Versuchung gross, diese Schnellmethode weiter anzuwenden. Im Winter jedoch würde man erkennen, dass das falsch ist. Ein so dicker Stamm mit einer reichen, aber nur mit dünnen Ästen verzweigten Krone wirkt unnatürlich. Eine gute Besenform erkennt man besonders im Winter, wenn die Verästelungen sichtbar werden.

Um die Verzweigung so natürlich wie möglich dem dicken Stamm anzupassen, müssen die Triebe drei bis vier Jahre ohne Rückschnitt wachsen können. Durch das so entstehende Blattvolumen verdicken sich diese Äste etwa ums Zehnfache. Nun ist der Zeitpunkt da, um wieder kräftig zurückzuschneiden und das Gleiche mit den nächsten Ästen zu machen. Diese müssen nun aber nur noch halb so dick werden. Durch diese Technik erreicht man eine Verzweigung, die nun der eines uralten Baumes gleicht.

Pius Notter ist auch hier keine Kompromisse eingegangen und nahm sich die notwendige Zeit. Nach acht Jahren war die Astverzweigung etwa so, wie er sie sich an einem solchen Baum vorstellt. Inzwischen ist esauch Zeit zum Umpflanzen geworden. Die Zelkoven sind starkwurzelnd. Es hatte sich ein so kompakter Wurzelballen gebildet, dass nur noch mit der Motorsäge gearbeitet werden konnte. Der halbe Wurzelballen genügte, um problemlos im Gefäss anzuwachsen. Jetzt war auch nicht mehr ein so starkes Wachstum nötig. In den folgenden drei bis vier Jahren wurde nur noch die äusserste, feine Verästelung gestaltet. Bereits nach dem ersten Jahr im Gefäss trieb der Baum sehr schön aus und er erhielt nun seinen typischen, besenförmigen Charakter. Es werden auch hier über ein dutzend Jahre vergehen, bis das gewünschte Resultat erreicht ist.

CS-360A

1994

Herkunft	Baumschule
Erstes Bild	1985
Gestaltung	seit 1985
Höhe	90 cm
Schale	Tokoname Japan

LARIX DECIDUA

1993

Herkunft	Wildpflanze
Erstes Bild	1989
Gestaltung	seit 1989
Höhe	40 cm
Schale	Cordon Duffet

PINUS SYLVESTRIS

Winter 1994/95

Herkunft	Wildpflanze
Erstes Bild	Frühling 1994
Gestaltung	Herbst 1994
Höhe	50 cm
Schale	Cordon Duffet

PINUS THUNBERGII

In Japan ist die Schwarzkiefer, Pinus thunbergii, eine der beliebtesten Kiefernarten. Besonders die Insel Shikoku ist bekannt für ihre schönen Schwarzkiefern. In den letzten Jahrhunderten hat man in Japan viele Techniken entwickelt, um diese sehr alt werdenden Bäume als Miniaturbäume zu gestalten. Besonders die Technik zur Verkürzung der Nadeln stellt eine ganz spezielle Problematik dar.

Nach Europa eingeführte Pflanzen sind meistens nach wenigen Jahren zwar noch gesund und am Leben, aber die Qualität der Gestaltung hat meistens massiv gelitten. Alle möglichen Rezepte werden ausprobiert und viele wissen überhaupt nicht, was zu tun ist, wenn die neuen Nadeln fünfmal länger sind als diejenigen von Japan. Das Klima spielt ein bedeutende Rolle. Die Meinung, dass dies in Japan möglich ist und bei unserem Klima nicht, ist falsch. Auch in Japan macht die Kiefer sehr lange Nadeln, wenn nicht fachmännisch und stetig gearbeitet wird. Ein etwas verändertes Klima bewirkt, dass Techniken, die sich in Japan bewährt haben, bei uns möglicherweise falsch sind. Wir müssen selbst alles Mögliche ausprobieren, um herauszufinden, was in unserem Klima gemacht werden muss. Wir sind auf unsere eigenen Erfahrungen angewiesen und es braucht Pioniere, die viel Zeit und Geduld aufwenden, um diese wichtigen Erfahrungen zu sammeln und sie auch weitergeben.

Pius Notter ist ein Pionier, der als professioneller Gestalter sehr viel erreicht hat und seine Erfahrungen auch weitergibt. Da man bei uns die Pinus thunbergii nicht als Wildpflanze findet, hat er sich «Übungsmaterial» aus Japan besorgt. Diese hier gezeigte Kiefer stammt von der Insel Shikoku und wurde 1989 von ihm importiert. Um die geplante Umgestaltung und Verkürzung der Nadeln vorneh-

men zu können, hatte er die Pflanze zwei Jahre mit reinem Insektenkot gedüngt. Nachdem sie sich als sehr kräftig und gesund erwies, wurden im Sommer 1992, anfangs August, alle neuen Triebe vollständig weggeschnitten. Noch im selben Herbst bildeten sich unmittelbar bei den Schnittstellen viele kleinere Knospen.

Im Februar des Folgejahres wurden nun die zu grossen und in die falsche Richtung wachsenden Knospen ausgeklemmt. Diese Arbeit kann mit den blossen Fingernägeln gemacht werden. Zur gleichen Zeit werden die noch bestehenden, alten Nadeln mengenmässig um die Hälfte reduziert, indem man diese ganz herauszupft.

Jetzt kann mit der üblichen, traditionellen Drahtarbeit begonnen werden. Jeder Ast, auch der kleinste, wird sorgfältig gedrahtet. Es ist grösste Vorsicht geboten, damit man die neuen, kleinen Knospen nicht verletzt. Ast für Ast, angefangen wird beim untersten, wird nun so durchgearbeitet und in Position gebracht. Nun beobachtet man die Knospen genau. Je nach Frühlingsbeginn, irgendwann im April, fangen diese an, aufzuschwellen. Nun werden sämtliche noch verbleibenden Nadeln herausgezupft. Der Baum sieht für einige Tage kahl und fast wie tot aus.

Die durch den Rückschnitt des vergangenen Jahres erzielten kleineren, zahlreichen Knospen müssen nun sofort Nadeln entwickeln, damit der Baum am Leben bleibt. Dies geschieht auf ganz natürliche Weise, ohne nachzuhelfen. Das ist übrigens auch der Zeitpunkt zum Umtopfen. Pius Notter hat für diese Kiefer in Japan extra eine Schale herstellen lassen. Den ganzen Frühling nun hält Pius Notter diese Kiefer sehr trocken. Er erreicht damit, dass die

verhältnismässig kurzen Nadeln nicht durch unnötige Nässe verlängert werden.

Im Sommer 1993 zeigte sich diese Kiefer von ihrer schönsten Seite. Pius Notter hat es geschafft, aus einem langnadeligen, schwer wirkenden Busch eine perfekte Kiefer zu schaffen. Diesmal nicht mit Elektrowerkzeug, sondern mit viel Erfahrung, gut überlegter Technik und Geduld.

Sommer 1993

Herkunft	Wildpflanze, Japan
Erstes Bild	1989
Gestaltung	seit 1990
Höhe	90 cm
Schale	Tokoname, Japan

LARIX DECIDUA

Eine uralte Lärche mit einer attraktiven Borke war das Ausgangsmaterial für diese Gestaltung, deren schöner Stamm mit dem breiten Ansatz Pius Notter dazu bewegte, sie zu gestalten. Das einzige Problem war die extrem einseitige Spitze.

Optisch bekommt der Baum fast das Übergewicht und droht umzukippen. Dies löste er mit einer Kürzung der Spitze um 10 cm. Er hat diesen Teil so abgebrochen, dass eine kurze Bruchstelle stehenbleibt, genau wie es auch in der Natur geschieht. Mit dem obersten Ast gestaltete er in nur zwei Jahren eine neue Spitze, die nun etwa 10 cm näher beim Zentrum liegt. Dadurch wirkt der Baum wesentlich stabiler. In der gleichen Zeit wurden die Seitenäste gedrahtet und stark nach unten gebogen. Auch dies hat entscheidend zur Stabilisierung beigetragen. Heute zeigt sich die eher brave Lärche als eine typische und eindrucksvolle Gestaltung.

1992

Herkunft	Wildpflanze
Erstes Bild	1980
Gestaltung	seit 1984
Höhe	70 cm
Schale	Dan Barton

FAGUS SYLVATICA

Herbst 1993

Herkunft	Wildpflanze
Erstes Bild	1983
Gestaltung	seit 1983
Höhe	100 cm
Schale	Tokoname, Japan

PICEA ABIES

1994

Herkunft	Wildpflanze
Erstes Bild	1992
Gestaltung	1992
Höhe	25 cm
Schale	Japan, Hersteller unbekannt

PINUS MUGO

Diese Bergkiefer, die bereits in der Natur als ein wunderschöner Miniaturbaum gewachsen ist, wurde von den Organisatoren einer Demo vor Fachpublikum in Luzern, für die Gestaltung durch Pius Notter ausgesucht.

Der Baum hatte eine sehr flache, nach links hängende Krone. Das Problem aber war, dass der Stamm so dick und starr war, dass er mit herkömmlichen, Mitteln und Werkzeugen nicht hätte bewegt werden können. Mit einem Spezialwerkzeug, einer eigentlichen Miniaturkreissäge, höhlte Pius Notter den Stamm an der zu biegenden Stelle um etwa die Hälfte aus und entfernte das Kernholz.

Diese Stelle wurde nun der Länge nach wieder mit starken Drähten verstärkt, mit Bast (Raffia) fixiert und vollständig eingebunden. Die weitere Gestaltung der einzelnen Äste zeigte dann mehr und mehr, dass der Baum nur durch diesen massiven, aber gekonnten Eingriff in diese prächtige, harmonische Form gebracht werden konnte.

Herbst 1994

Herkunft	Wildpflanze
Erstes Bild	Frühling 1994
Gestaltung	Herbst 1994
Höhe	50 cm
Schale	Tokoname, Japan

PINUS THUNBERGII

Frühling 1994

Herkunft	Wildpflanze aus Japan
Erstes Bild	1991
Gestaltung	Februar 1993
Höhe	100 cm
Schale	Tokoname, Japan

ACER PALMATUM

Frühling 1994

Herkunft	Baumschule, Japan
Gestaltung	seit 1986
Höhe	40 cm
Schale	Tokoname, Japan

PINUS MUGO

Diese Gestaltung besteht aus einem attraktiven, toten Holzstück und einer lebenden Pinus mugo. Diese Technik wird in Japan häufig angewandt, besonders viel werden Juniperus mit einer schönen Holzskulptur verwachsen.

Meistens ist dabei das Ziel, die beiden Elemente so zusammen zu verschmelzen, dass man dies nach einigen Jahren nicht mehr sieht. Deshalb wird diese Technik in Japan auch Tanuki genannt.

Tanuki heisst auf japanisch Täuschung. Wenn ein Gestalter diese Technik angewendet hat und später versucht, die Gestaltung als einen einzigen Baum zu verkaufen, ist es tatsächlich eine Täuschung.

Pius Notter aber hat alle seine Bäume, die mit dieser legitimen Technik entstanden sind, vom Beginn der Gestaltung an fotografiert und zeigt dies auch offen. Er versucht nicht, zu verheimlichen, dass diese Bäume aus einem toten und einem lebenden Teil bestehen. Deshalb sind sie auch keine Tanuki. Bei dieser speziellen und auch sehr bekannten Gestaltung demonstriert er auf künstlerische Art das Leben in der Natur. Ein alter Baum stürzt um, wird langsam zur Skulptur und bietet jungen Bäumen Nährboden. Der schöne alte, tote Baum in Kombination mit dem jungen Grün gleicht einem fliegenden Drachen, deshalb nannte er seine Gestaltung «Flying Dragon», eine ganz besondere Kreation, die deutlich macht, dass das Gestalten von Miniaturbäumen eine kreative Kunst ist.

Herbst 1994

Herkunft	Wildpflanze
Erstes Bild	1993
Gestaltung	Frühling 1991
Höhe	90 cm
Schale	Tokoname, Japan

PINUS MUGO

Es sind nicht nur Mensch und Bulldozer, die kleingebliebene Miniaturbäume vernichten, bei weitem mehr tun dies die Gesetze der Natur und ihre Gewalten. Diese Bäume wachsen meist in Regionen mit klimatisch besonders extremen Standorten. Da drohen Steinschlag, schneereiche Winter mit Lawinen und heftige Gewitter. Besondere Wetterereignisse sind ein seit Jahrmillionen immer wiederkehrendes Phänomen.

In gewissen Regionen kann es also zehn bis zwanzig Jahre gehen, bis ein solches Naturereignis zuschlägt. Aber die Statistiken zeigen, dass es immer wieder vorkommt. Am Ufer eines Wildbaches kann sich die Vegetation ungehindert entwickeln und während zwanzig Jahren können bereits sehr schöne Bäumchen entstehen. Wenn aber dann das grosse Gewitter kommt, reissen die Wassermassen Uferpartien weg und viele der Bäumchen mit in den Tod.

Die hier abgebildete Pinus mugo hat Pius Notter 1989 an einem Bergbach gefunden. Ein Teil des Wurzelbereiches war bereits durch vorangegangene Gewitter unterspühlt. Der Samen der dreissig, vielleicht sogar vierzig Jahre alten Bergkiefer keimte vermutlich mehrere Meter vom Ufer entfernt. Nun genügte ein heftiges Gewitter, um ihn in die Tiefe zu reissen.

Selbst wenn der Baum auf den ersten Blick nicht gerade als ideales Ausgangsmaterial für die Weitergestaltung erschien, waren es andere Überlegungen, die Pius Notter dazu motivierten, dieses Bäumchen auszugraben. Fürs erste wollte er es einfach retten.

Wie wenn die Pflanze dies mit Aufblühen danken wollte, entwickelte sie sich kräftig und zeigte sich strotzend vor Gesundheit. Über einige Jahre machte

sich Pius Notter immer wieder Gedanken, wie dieser Baum harmonisch werden könnte. Die Pflanze ist viel zu kopflastig und im unteren Bereich fehlen wichtige Äste. Im obersten Stammbereich stellte er eine Narbe fest, die sich über etwa 20 cm dem Stamm entlang zog. Dieser Teil hatte keine lebende Rinde mehr und bestand nur noch aus totem Holz. Hier spaltete er nun den Stamm in der Mitte auf und versuchte, den schweren obersten Ast in die Position des untersten Astes zu bringen, um so ein Gleichgewicht herzustellen.

In der Natur hat Pius Notter im Winter oft beobachtet, dass gerade bei Bergkiefern durch die Last des Schnees ganze Stämme und dicke Äste gespaltet werden, nächsten Frühling aber weiterwachsen. Also müsste eine solche «Operation» für den Baum völlig harmlos und normal sein, zumal nur im Bereich des toten Holzes gearbeitet würde. Um das Reissen oder Brechen an einer unerwünschten Stelle zu verhindern, legte er der Länge nach starke Aluminiumdrähte ein und fixierte alles mit Bast. Darüber wurde nochmals kräftig gedrahtet. Ein so vorbereiteter Ast kann langsam gebogen werden, ohne dass er bricht.

Danach wurden alle anderen Äste durchgedrahtet und in Position gebracht. Der Baum wird immer harmonischer. Zum Schluss wird der bestehende, abgestorbene Holzteil gründlich gereinigt und mit Jin-Mittel behandelt. Dadurch wird dieser natürlich entstande Shari optisch besser hervorgehoben. Das Mittel schützt zusätzlich vor Pilzbefall, was zum langsamen Vermodern dieser schönen Partie führen würde.

Die Pflanze hat nun gewaltig gewonnen, ohne dass viele Äste abgeschnitten wurden. Es ist dem Gestalter gelungen, allein mit der Umpositionierung eines

anfänglich unbeweglich erscheinenden Astes die entscheidende Lösung herbeizuführen, um auch aus diesem sehr schwierig anmutenden Baum eine schöne harmonische und spezielle Baumskulptur zu schaffen. Die noch zu grosse, schwer wirkende Schale von Cordon Duffet ist noch ein Kompromiss zu Gunsten des Baumes im Wurzelbereich.

Sommer 1994

Herkunft	Wildpflanze
Erstes Bild	1989
Gestaltung	Frühling 1993
Höhe	70 cm
Schale	Cordon Duffet

PINUS MUGO

Auf einer Klettertour fand Pius Notter 1984 eine Pinus mugo, die aus einem Felsspalt wuchs und als Kaskade etwa zwei Meter senkrecht über die Felswand hing. Dies war noch nichts Ungewöhnliches, denn in den steilen Felswänden gibt es Tausende von Kaskaden. Hier haben die Bäume kaum eine Chance, anders zu wachsen.

Diese Kiefer jedoch hatte einen Stamm, der gedreht war wie eine perfekte Spirale, ein gigantischer Korkenzieher. Die Kiefer war an dieser Stelle unmöglich auszugraben, zudem war sie fast abgestorben. Deshalb entschloss sich Pius Notter, diese einzigartige Spielerei der Natur für die Zukunft zu erhalten und sägte das interessante Stück des Stammes heraus und brachte es nach Hause.

Während mehreren Jahren zeigte er es interessierten Besuchern des Miniatur-Arboretums, darunter auch Botanikern und Förstern. So entstanden verschieden Theorien, wie diese eigenartige Spirale entstanden sein könnte. Pius Notter interessierten eher die Gestaltungs-Möglichkeiten, die in diesem Stück Holz steckten.

Sechs Jahre nach dem Fund entschloss er sich wiederum zu einer Kombination der Spirale mit einer sehr flach gewachsenen Bergkiefer. Für ihn war wichtig, dass beide Gehölze von der gleichen Pflanzenart waren, da er sie zu einem Ganzen gestalten wollte. Er versuchte zuerst, den toten Holzteil möglichst harmonisch in die lebende Kiefer einzufügen. Dabei musste zum Teil auch etwas eingefräst werden. Diese Stellen wurden genau mit Kreide gekennzeichnet, damit nachher alles wie ein Puzzle zusammenpasst. Die in Kombination mit der lebenden Kiefer noch viel zu schwer wirkende Spirale hat er in mehreren Phasen so bearbeitet, dass sie

viel leichter und wesentlich natürlicher aussah. Nach mehr als vier Jahren hat sich der grüne, lebende Teil prächtig entwickelt und harmoniert immer besser mit der Spirale, welche heute elegant wie eine weisse Flamme aus dem grünen Polster hervorzüngelt.

Herbst 1994

Herkunft	Wildpflanze
Erstes Bild	1990
Gestaltung	Herbst 1990
Höhe	100 cm
Schale	Tokoname, Japan

PINUS MUGO

Die Naturgewalten zwingen die Kiefern in extremen Berglagen in die verschiedensten Formen. In einem Felssturz- und Steinschlaggebiet findet man Bäume mit viel abgestorbenem Holz, Narben und Wunden am Stamm und mit gebrochenen Spitzen.

Vielfach ist es aber nur der Schnee, der die Bäume immer wieder zu Boden drückt. Jeder Versuch, aufrecht zu wachsen, wird im nächsten schneereichen Winter wieder zerschlagen. Zwei bis drei Meter Schnee sind in der Lage, auch stärkere Bäume zu biegen. Im darauffolgenden Sommer werden sich solche Bäume wieder aufrichten, neue Triebe dem Licht entgegen treiben und der nächste Winter wird wieder in entgegengesetzter Richtung arbeiten. So entstehen oft die extremsten Formen, verdrehte Stämme, die fast wie Knoten aussehen oder kreisförmig geformt sind.

Eine solche Kiefer hat Pius Notter 1992 zu gestalten versucht. Der wirklich in alle Richtungen verbogene Stamm bot keine Möglichkeit, einen aufrecht wachsenden Baum zu gestalten. Er musste also eine andere Lösung finden, die Entscheidung für eine Halbkaskade erwies sich als die beste. Mit grosser Mühe ist es ihm gelungen, in diese, fast hoffnungslos verkrüppelte Kiefer noch Harmonie zu bringen. In Kombination mit der schlichten, hohen Schale als schwerem Gegengewicht, ist ihm auch eine vielversprechende Gestaltung geglückt.

Sommer 1994

Herkunft	Wildpflanze
Erstes Bild	1992
Gestaltung	Frühling 1993
Höhe	90 cm
Schale	Tokoname, Japan

LARIX DECIDUA

Herbst 1993

Diese einfache, aufrechte Lärche war einer der ersten Bäume, die Pius Notter 1978 gestaltete. Er befasste sich erst wenige Jahre mit Bonsai. Allgemein war man zu dieser Zeit der Meinung, ein «echter» Miniaturbaum stamme aus Japan und kaum jemand kam auf die Idee, mit unseren einheimischen Bäumen zu arbeiten.

Trotz Kritik liess sich aber Pius Notter nicht von seinem Weg abbringen und versuchte es mit allen nur möglichen einheimischen Pflanzen. Er war sich noch gar nicht bewusst, welch wichtige Pionierarbeit er damit leistete. Es vergingen noch fünf bis sechs Jahre, bis sich die Kritik in Anerkennung wandelte und heute gilt er als Gestaltungsvorbild in ganz Europa. Was damals noch verpönt war, gilt heute als Kunst und wird von fast jedem Bonsai-Freund angestrebt.

Zu dieser Zeit hat Pius Notter, ohne eigene Erfahrungen und völlig auf sich selbst gestellt, Pflanzen gestaltet, die er heute nicht mehr ausgraben würde.

Diese Lärche hat einen schlechten, kaum zu korrigierenden Wurzelansatz. Alle Bemühungen, eine noch so schöne und harmonische Krone aufzubauen, heben diesen Mangel nicht auf. Doch bedeutet ihm jede Pflanze und besonders seine ersten Bäume sehr viel. Deshalb pflegt er auch diese Lärche, die inmitten der längst bekannten Baumskulpturen steht, die ein ganz anderes gestalterisches Niveau haben.

Dank all diesen Bäumen kann man im Garten von Pius Notter seine gestalterische Entwicklung über die vielen Jahre verfolgen.

Frühling 1993

Herkunft	Wildpflanze
Erstes Bild	1981
Gestaltung	Seit 1978
Höhe	60 cm
Schale	Tokoname, Japan

PINUS MUGO

Sommer 1991

Herkunft	Wildpflanze
Erstes Bild	Frühling 1991
Gestaltung	1991
Höhe	150 cm
Schale	China

PINUS MUGO

Sommer 1993

Herkunft	Wildpflanze
Gestaltung	1991
Höhe	70 cm
Schale	Tokoname, Japan

LARIX DECIDUA

Herbst 1993

Diese Lärche war einer der ersten «grossen» Yamadori, die Pius Notter in seinen ersten Bonsai-Jahren von den Bergen nach Hause brachte. Der Baum war zwischen zwei Felsen eingeklemmt. Der Stamm konnte genau so hoch wachsen, wie die Felsspalte reichte. Die flache Krone legte sich wie ein Kissen über die Oberseite der Felsen.

Alljährliche Schneelast verunmöglichte eine Weiterentwicklung des Stammes und alle einjährigen Triebe wurden immer wieder flachgedrückt. Durch stete Verletzung des Stammes direkt unterhalb der Krone entwickelte sich während Jahrzehnten eine hässliche Verdickung zu einer eigentlichen Knolle. Der relativ kleine Wurzelballen erlaubte es aber, den Baum sofort in eine Schale zu pflanzen.

Die Entfernung dieser Verdickung war heikel, die viel Erfahrung voraus setzte. Pius Notter wartete mit dieser Beseitigung mehr als acht Jahre, in denen er den Baum gut kennenlernen konnte. Die wenigen und erst noch verdrehten Saftbahnen im Stamm mussten gefunden werden. Auf der Oberseite des Knollens ist der Stamm vollständig zerschunden und hier gibt es keine Saftbahnen mehr. Es ist also eine Millimeterarbeit, die über das Weiterleben des Baumes entscheidet. Dank der Erfahrung und der Feinfühligkeit für die Pflanze, die Pius Notter in all den Jahren entwickelte, gelang es ihm, diesen ästhetisch wichtige Eingriff mit Erfolg durchzuführen.

Solche Arbeiten macht er immer alleine, sie erfordern eine totale Konzentration. Solche Eingriffe sind auch niemals Bestandteil seiner öffentlichen Vorführungen.

Die Bilder vorher und nachher zeigen deutlich, dass dieser Eingriff von grosser Bedeutung war.

Sommer 1993

Herkunft	Wildpflanze
Erstes Bild	1981
Gestaltung	seit 1984
Höhe	80 cm
Schale	Tokoname, Japan

BETULA

Frühling 1993

Herkunft	Wildpflanze
Erstes Bild	1983
Gestaltung	seit 1983
Höhe	ca. 60 cm
Schale	Bryan Albright

POTENTILLA

Sommer 1993

Der Fingerstrauch gehört bei uns zu einem weitverbreiteten Gartenstrauch, der in allen Farben den ganzen Sommer über blüht. Es dauert sehr lange, bis dieser Strauch auch dickere, holzige Stämmchen bildet. Bei der hier abgebildeten Pflanze hätte Pius Notter sein ganzes Leben gebraucht, um einen solchen Stamm zu erreichen. Oft werden alte Vorgärten geräumt und die überalterten Sträucher entfernt. Hier gibt es oft einmalige Gelegenheiten, alte, verholzte Sträucher zu finden. Der etwa 30jährige Potentillastrauch aus einem Garten war das Ausgangsmaterial für diese einfache, aber wirkungsvolle Gestaltung.

Da diese Strauchart sehr willig aus dem alten Holz austreibt, hat Pius Notter nur den interessanten Stamm mit den Wurzeln in die Schale gepflanzt. In nur vier Jahren hat er bereits eine schöne, grüne und blühende Krone gestaltet.

Herkunft	Garten
Gestaltung	seit 1989
Höhe	35 cm
Schale	Dan Barton

ACER BUERGERIANUM

Herbst 1993

Dieser Ahorn war der erste japanische Bonsai, den Pius Notter kaufte. Es war einer der Bäume, die 1979 von Ulrich Dietiker sel. in die Schweiz eingeführt wurden. Dass er schon damals in seinen ersten Jahren ein gutes Auge für zukünftige Gestaltungen hatte, beweist das Aussehen dieses Baumes heute.

In den vergangenen mehr als 15 Jahren, hat er den Baum nach streng traditionell japanischen Gärtnertechniken gestaltet. Nur durch reine Schneidetechnik und ohne Drahten ist der Baum inzwischen doppelt so gross und zeigt sich trotz den 15 Jahren in Europa wie ein frisch importierter Solitär.

Herkunft	Baumschule, Japan
Umgestaltung	ab 1979
Höhe	45 cm
Schale	Tokoname, Japan

LARIX DECIDUA

Eine fast 150 cm hohe Lärche ist eigentlich eher als Gartenbaum geeignet. Trotzdem pflanzte Pius Notter diesen Baum in eine sehr flache Schale. Er wusste, dass irgendwann der Baum massiv gekürzt werden muss. Mehrere Jahre pflegte und gestaltete er die Lärche, ohne die Höhe zu verändern.

Erst sieben Jahre später riskierte er einen ungewöhnlichen Eingriff. Statt wie üblich die Spitze des Astes wegzuschneiden und möglicherweise als totes Holz zu gestalten, entschied er sich, die Spitze nur zu brechen. In den Bergregionen hat er oft beobachtet, dass durch grosse Schneelasten Bäume geknickt wurden, ohne dass der geknickte Teil dadurch abgestorben ist. Die geknickte Stelle verheilte relativ schnell und alle Äste wuchsen wieder dem Licht entgegen. Diese interessante Beobachtung in der Natur brachten ihm auch die Lösung für diesen viel zu hohen Baum. Etwa auf Zweidrittel der Höhe des Hauptstammes spaltet er mit einer Stichsäge den ganzen Stamm auf einer Länge von etwa 15 cm auf. In diese Wunde werden zuerst der Länge nach starke Drähte eingelegt, welche verhindern sollen, dass der geschwächte Stammteil bei einer Biegung reissen oder brechen kann. Mit Bast (Raffia) werden diese Drähte fixiert. Danach wird die ganze Stelle sehr eng und dicht mit Bast umwickelt, fast wie eine künstliche Rinde. Sehr vorsichtig wird nun der ganze obere Teil nach unten gebogen.

Diese Arbeit muss sehr konzentriert, langsam und vorsichtig ausgeführt werden. Pius Notter hat mit solchen Eingriffen viel Erfahrung und hatte nie den geringsten Zweifel, dass der Baum diese Umgestaltung überleben werde. Alle Seitenäste der nun nach unten gebogenen Spitze haben auch alle Knospen nach unten gerichtet. Aus diesem Grund werden alle Äste, auch die kleinsten, gedrahtet und wenn mög-

lich so gedreht, dass auch die Knopsen wieder nach oben gerichtet sind. Ein Jahr braucht der Baum, um sich zu erholen, damit vor allem die Wunde heilt. Lärchen, sind sich solche «Unfälle» gewöhnt. Sie sind auch von Natur aus in der Lage, sehr schnell neues Kambium zu bilden und so auch grössere Wunden zu verschliessen. Innert einem Jahr hat sich diese Lärche so gut entwickelt, dass bereits weitergearbeitet werden kann.

Pius Notter kennt die Lärchen, die zu seinen Lieblingsbäumen gehören, sehr gut. Er weiss, was sie vertragen können und wie schnell sie regenerieren. Seine jahrelangen Beobachtungen in den extremsten Berglagen haben ihm gezeigt, was in der Natur alles möglich ist. Die Natur ist und bleibt sein Lehrmeister. Dass kein einziges, auch keines der kleinsten Ästchen abgestorben ist, beweist, dass seine Überlegungen richtig waren. Ein Jahr nach dem Eingriff ist der Bast bereits vermodert und an der Schnittstelle hat sich viel neues Kambium gebildet. Deshalb riskiert er bereits, den ganzen Bast und Draht zu entfernen. Problemlos bleibt die gebrochene Spitze in der gewünschten Position.

Nun gilt es, den Baum auch umzutopfen und anschliessend vollständig zu drahten und «fertig» zu gestalten. Da die Frontseite nicht feststeht, wählt er einen runden Topf. Diese Wahl erlaubt ihm, ohne Umtopfen die Vorderseite wieder zu ändern. Der gesunde und kräftige Wurzelballen wird stark reduziert. Nach dem Einpflanzen wird der ganze Baum nochmals durchgedrahtet. Obwohl routiniert, benötigt der Gestalter bei so vielen Seitenästen mehrere Stunden dafür. Die Gestaltung einer neuen Spitze präsentiert sich in der vielversprechenden Gesamterscheinung der nun um etwa 60 cm kürzeren Lärche als harmonisch gelöst.

1994

Herkunft	Wildpflanze
Erstes Bild	1985
Gestaltung	1992/93
Höhe	90 cm
Schale	Tokoname, Japan

PICEA ABIES

Durch Steinschlag wurde dieser Fichte immer wieder die Spitze gebrochen. Beide Stämme versuchten stets von neuem, Spitzen zu entwickeln. Für die Gestaltung zum harmonischen Miniaturbaum war dies ein sehr schwieriges Ausgangsmaterial. Für Pius Notter war das eine typische Herausforderung.

Zuerst gestaltete er den Seitenast am linken Stamm. Alle, auch die kleinsten Ästchen, wurden sorgfältig gedrahtet und positioniert. Eine schöne, lockere, einem Fallschirm gleichende Krone brachte bereits etwas Ruhe und Harmonie in den Baum.

Der rechte Stamm war schwieriger zu gestalten. Der waagrechte, lange und gerade, stärkere Seitenast endete unschön mit einem Knie zu einer neuen Spitze. Er war schlecht zu korrigieren. Im toten Teil des linken Astes sah Pius Notter eine tanzende Person oder einen Geist. Er entschloss sich, den gesamten rechten Stamm als «Tanzpartner» zu gestalten. Der dicke, hässliche Seitenast wurde ganz weggeschnitten. Dies ermöglichte das Zählen der Jahrringe. 78 Jahrringe des Astes lassen auf ein Alter des Baumes von weit über 100 Jahren schliessen. Diese Gestaltung ist eine der wenigen, die einen Namen erhielten. «Dancing Ghosts» drängte sich geradezu auf.

1993

Herkunft	Wildpflanze
Erstes Bild	1991
Gestaltung	1993
Höhe	50 cm
Schale	Tokoname, Japan

PINUS MUGO

Viel totes Holz, der gespaltenene Stamm und die gebrochene Spitze zeugen vom harten Überlebenskampf dieser Bergkiefer. Pius Notter liebt solche bizarren Bäume, die in extremen Bergregionen häufig sind. Nach der Rettung studiert er ihre oft ungewöhnlichen Formen.

Beobachtungsgabe, die Kenntnisse der Naturvorgänge in den Alpen und eine lange Erfahrung erleichtern ihm ein Nachvollziehen der Vorgänge, die zu diesen bizarren Formen führten. Seine Gestaltungstechniken mögen oft noch so spektakulär wirken, er macht nichts anderes als die Natur und ihre Kräfte. Vielleicht ist dies das Geheimnis für den Erfolg seiner Gestaltungen. Wie die Natur diesem Baum den Hauptast brach, hat ihm Pius Notter den Seitenast im Bereich der Krone gebrochen. Damit setzte er eine harmonische Krone als Gegengewicht zum gestalterisch schwierigen Bogen.

1993

Herkunft	Wildpflanze
Erstes Bild	1989
Gestaltung	1992
Höhe	80 cm
Schale	Tokoname, Japan

PINUS MUGO

Sommer 1994

Herkunft	Willdpflanze
Erstes Bild	1990
Gestaltung	1994
Höhe	ca. 50 cm
Schale	Pius Notter

SYRINGA

Frühling, Herbst und Winter 1993

Herkunft	Baumschule
Gestaltung	seit 1989
Höhe	15 cm
Schale	Tokoname Japan

PINUS PARVIFLORA

Sommer 1993

Herkunft	Baumschule, Japan
Erstes Bild	Sommer 1991
Umgestaltung	Frühling 1993
Höhe	60 cm
Schale	Dan Barton

PICEA ABIES

Die im ganzen Alpengebiet weitverbreitete Picea abies ist bis zur Vegetationsgrenze im Hochgebirge zu finden. Dieser von den Kühen zertrampelte und abgefressene Findling kämpfte während vielen Jahrzehnten ums Überleben.

Pius Notter grub diese fast hässliche, teilweise abgestorbene und vernarbte Fichte aus. Nach drei Jahren hatte sie bereits einen kräftigen Wurzelballen und einen entsprechenden Austrieb.

1993 entschloss sich Pius Notter zur Umgestaltung. Nachdem alle toten Äste entfernt waren, entwickelte er aus dem verbleibenden Grün eine ausgewogene und harmonische Krone. In etwa drei Stunden entstand eine seiner wohl bekanntesten und schönsten Gestaltungen.

Der Entscheid für den Shari, der sich auf der rechten Stammseite fast bis zum Wurzelansatz hinzieht, fiel erst einige Monate nach der Umgestaltung. Dass er richtig war, zeigt sich heute.

Der Baum wurde zur Baumskulptur, zur Wettertanne aus den Schweizer Alpen.

Sommer 1994

Herkunft	Wildpflanze
Erstes Bild	1991
Gestaltung	Januar 1993
Höhe	90 cm
Schale	Tokoname, Japan

PINUS PARVIFLORA

1988 signierte Pius Notter in Hawaii seine Bücher und erfüllte einem Bonsai-Freund den Wunsch, ihm sein Buch etwas speziell zu signieren. Spontan skizzierte er aus seinem Anfangsbuchstaben «P» einen Baum, den er in seine Unterschrift integrierte. Seither wurde dies zu seinem Autogramm an Kongressen und an seinen Gestaltungs-Vorführungen. Man kennt es heute auf der ganzen Welt.

Im Miniatur-Arboretum musste er seinen Besuchern und Gästen immer wieder erklären, dass es diesen Baum nicht gäbe. Dem wollte er abhelfen. 1991 fand er in Japan eine schlanke, etwa 120 cm hohe Kiefer, die das Ausgangsmaterial für «seinen« Baum sein sollte. Ein Jahr später gestaltete Pius Notter den Autogrammbaum an einem Kongress in der Schweiz, er steht heute im Miniatur-Arboretum in Boswil.

Herbst 1994

Herkunft	Baumschule, Japan
Erstes Bild	1991
Gestaltung	Frühling 1992
Höhe	45 cm
Schale	Aiko Tanaka, Japan

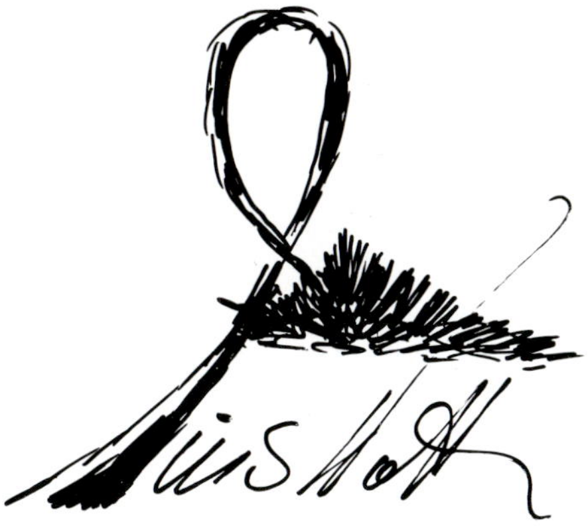

Pius Notter
geboren 1952 in Boswil
Vater von vier Kindern

Bonsai als Hobby

Betreibt seit 1976 Bonsai als Hobby und Ausgleich zur Arbeit als Unternehmensberater, gilt international und auch in den Ursprungsländern China und Japan seit Jahren als anerkannter Bonsai-Experte und -Gestalter.

Bonsai als Beruf

Seit 1984 ist Pius Notter Geschäftsführer des Bonsai-Zentrums Schinznach.

Aktivitäten in der Schweizer Bonsai-Szene

Mitgründer verschiedener regionaler Clubs und Mitgründer, Vizepräsident und Präsident des Schweizer Bonsai-Clubs
Ehrenpräsident der Vereinigung Schweizer Bonsai-Freunde.

Bonsai-Szene Europa

Pius Notter war Mitgründer der European Bonsai Association, EBA, und ist Delegierter der Schweiz.

Autor von Fachbüchern und Publikationen

4 Fachbücher, übersetzt in 5 Sprachen und Publikationen in Bonsai-Journalen und Zeitschriften auf der ganzen Welt.

Gründer und Erbauer des Miniatur-Arboretum Boswil

Das Miniatur-Arboretum wurde 1990 eröffnet und ist öffentlich zugänglich (nach telefonischer Vereinbarung, 057/46 24 20, ab 4.11.1995, 056/666 24 20). Hier finden auch die Seminare von Pius Notter statt.

Referent und Demonstrator an nationalen und internationalen Kongressen

Als erster Europäer wurde er 1993 als Referent und Demonstrator an einen Weltkongress eingeladen.

Auszeichnung durch die Nippon Bonsai Association

1988 wird Pius Notter anlässlich der 9. Weltausstellung in Osaka durch die japanische Bonsai-Vereinigung für eine Kiefernlandschaft mit einer Auszeichnung geehrt.

Direktor im Weltverband, Bonsai Clubs International, BCI

Pius Notter wurde im Herbst 1993 zum Direktor in den Weltverband gewählt.

1994 verlieh ihm der BCI, Bonsai Clubs International, die Goldmembership.
Im gleichen Jahr wurde er vom BCI mit dem «Writers and Potographers Award» ausgezeichnet.

Bücher von Pius Notter

«Bonsai - Über 50 Fragen und Antworten»
9. Auflage
Kromer Verlag
ISBN 3-906641-06-6

«Zwergbäume unserer Heimat»
2. Auflage
Kromer Verlag
ISBN 3-906641-02-3

«Die beliebtesten Bonsai»
Kromer Verlag
ISBN 3-906641-10-4

«Bonsai - Kunst und Technik»
2. Auflage
Basilius Verlag
ISBN 3-85560-092-9

Bücher über Pius Notter

«Das Miniatur-Arboretum Boswil»
Basilius Verlag
ISBN 3-85560-103-8

«Die Suiseki-Kollektion von Pius Notter»
Kromer Verlag
ISBN 3-85681-309-8